天山 詩選 146

이 해 복 첫동민조시집

여름이 참 달다

한기 10962
한웅기 5923
단기 4358
공기 2576
불기 2569
서기 2025

도서출판 天山

여름이 참 달다

이 해 복 첫동민조시집

```
   上元甲子
    8937
  + 2025
   10962
    5923
    4358
    2576
    2569
    2025
```

도서출판 天 山

<시인의 말>

첫동민조시집 '여름이 참 달다'를 내며

'맨 처음의'란 뜻의 '첫'자가 들어가는 많은 낱말은 우리에게 설렘과 기대와 벅찬 기쁨을 줍니다. 첫눈·첫돌·첫걸음·첫사랑 들이 그렇지요.

10여 년 전에 새정형시인 민조시(民調詩)의 개척 선언문을 지면으로 처음 접하고 동민조시(童民調詩)의 길을 닦아보자 다짐을 했을 때의 제 마음도 그러하였습니다.

민조시는 우리 한민족의 민간에 흘러내려오는 율조의 소리장단을 문자의 뜻 위에 얹어낸 시입니다. 3·4·5·6조의 정형률에 맞춰 쓰는 간결하면서도 새로운 시로 열여덟 자의 적은 잣수지만, 깊고 뛰어난 함축미와 신축성을 지닌, 맛깔나는 멋진 정형시입니다.

저는 제법 오랜 세월 동시를 주로 써왔습니다. 그 정서를 살려 동민조시를 쓰고자 뜻을 두고 홀로 글쓰기에 매진하던 중 계간 '自由文學'에 2회 추천 완료되었고, 여덟 해 만에 첫 동민조시집을 엮습니다. 매우 기쁘고 뿌듯하며 설레면서도 한편으론 걱정도 곁들여집니다. 동민조시의 길을 걷고 있거나 새로이 뜻을

<시인의 말>

세워 걸음을 디디실 문우들께 미미하게라도 길라잡이가 되어 드릴 수 있을지 염려가 되기 때문입니다.

그러함에도 비워야 채워진다는 가르침을 안고 첫 동민조시집을 선보입니다. 저의 작품집을 계기로 민조시나 동민조시에 인연이 닿는 분이 있다면 참으로 기쁨이요 영광이겠습니다.

민조시라는 새 정형시를 개발하여 길을 인도해 주신 신세훈(申世薰) 대표와 고이 책을 엮어 주신 신새별 발행인, 신주원 편집장 고맙습니다.

언제나 글밭 가꾸기에 진심이며 오래 함께 나아갈 평택 문인 협회와 평택 아동 문학회 문우 여러분, 그리고 수십 년을 한결같이 격려와 성원을 아끼지 않으시는 정성채 선생님, 강준형 선생님과 두정마을 윤 선생님께 고마운 마음을 올립니다. 모든 분들께 늘 좋은 날이 이어지시길 축원합니다.

2025년 3월 해솔재에서.

이해복

차 례 ──────────────

이 해 복 첫동민조시집
여름이 참 달다

시인의 말/ 첫동민조시집 '여름이 참 달다'를 내며/ **이해복**/ 4

제1부/ 할머니 나이

참　　새/ 17
박꽃과 달님/ 18
별　　꽃/ 19
수　　박/ 20
진 달 래/ 21
벌레에게/ 22
할머니 나이/ 23
연　　꽃/ 24
모　　기/ 25
홍 매 화/ 26

이 해 복 첫동민조시집
여름이 참 달다

———— 차   례

제2부/ *고자질쟁이*

땡   볕/ 29
꽃   밤 · 1/ 30
봉숭아씨앗/ 31
뻐 꾸 기 · 1/ 32
밤   꽃/ 33
꽃샘추위/ 34
보   약/ 35
야 구 공/ 36
박   꽃/ 37
고자질쟁이/ 38

차 례 ──────────────

이해복 첫동민조시집
여름이 참 달다

제3부 / 마침표

풍경소리/ 41
은행잎/ 42
지렁이/ 43
개동생/ 44
보름달/ 45
고려청자/ 46
접시꽃/ 47
까치밥·2/ 48
칭찬/ 49
마침표/ 50

이 해 복 첫동민조시집

여름이 참 달다

차 례

제4부/ 반딧불이 있는 밤

반딧불이 있는 밤/ 53
산 벚 꽃/ 54
거   미/ 55
전 봇 대/ 56
할머니의 유모차/ 57
민 조 시/ 58
길/ 59
봉숭아꽃물・1/ 60
목   련・2/ 61
꽃   비/ 62

차 례 ——————————————

이 해 복 첫동민조시집
여름이 참 달다

제5부 / 찔레열매

찔 레 꽃/ 65
시시티비(CCTV)/ 66
청개구리/ 67
노　 을 · 2/ 68
내가 더 아프다/ 69
너 무 해/ 70
끈/ 71
종족이 수상해/ 72
찔레열매/ 73
어 떡 해/ 74

이 해 복 첫동민조시집

여름이 참 달다

차 례

제6부 / 뿔

기 러 기/ 77
연   꽃/ 78
씨   앗/ 79
해바라기/ 80
솜 사 탕/ 81
나뭇가지/ 82
꽃샘바람/ 83
유 채 밭/ 84
가을들판/ 85
뿔/ 86

차 례 ────────────── 이 해 복 첫동민조시집
여름이 참 달다

제7부/ 힘센 개나리

세   배/ 89
배롱나무/ 90
나   이/ 91
아유, 배고파/ 92
호   수/ 93
달   밤/ 94
바람과 벚꽃/ 95
나비와 아기/ 96
힘센 개나리/ 97
염   치/ 98

이 해 복 첫동민조시집 ――――――――――――――― 차 례
여름이 참 달다

제8부 / 펭귄 전성 시대

포스트잇/ 101
간 지 럼/ 102
돌   탑/ 103
지 렁 이/ 104
넝쿨장미/ 105
제   비/ 106
펭귄 전성 시대/ 107
봉숭아꽃물·2/ 108
넵/ 110
몽   돌/ 111

동민조시집 평설 / 순백의 시원, 그 '첫' 동민조시율 / **김현수**/ 113

제1부 ———————————————— 할머니 나이

참 새
박꽃과 달님
별 꽃
수 박
진 달 래
벌레에게
할머니 나이
연 꽃
모 기
홍 매 화

참   새

창너머
가지에서
단잠 깨우는
귀여운 자명종.

박꽃과 달님

누가 더
희고 곱나
견주기 한다,

밤이 다 가도록.

별   꽃

그믐밤
빈 가지에
꽃으로 앉아
빛나는 꼬마별.

수   박

새빨간
보름달이
쟁반 위에서
쩌억 벌어졌다,

여름이 참 달다.

진달래

새색시
치맛자락
펼쳐놨다고
산새들 고자질.

벌레에게

애들아
애써 지은
우리 과일 왜!
먼저 먹고 그래?

사극의
기미 나인
흉내내지 마
맛은 우리가 봐.

할머니 나이

할머니
연세는요?

60년 전엔
꼭 네 나이였지.

연   꽃

커다란
찻잔 위에,

연꽃
한 송이
향긋한 꽃향차.

모　기

제발 좀
친한 척 마,

과한 스킨십
절대 사절이야.

홍매화

뒤늦은
눈 세상에

꼭
찍어놓은
멋진 붉은 낙관.

제2부 ─────────────── 고자질쟁이

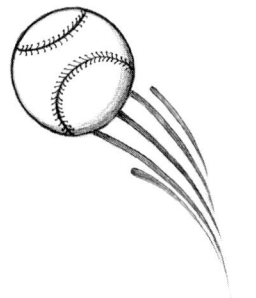

땡 볕
꽃 밤 · 1
봉숭아씨앗
뻐 꾸 기 · 1
밤 꽃
꽃샘추위
보 약
야 구 공
박 꽃
고자질쟁이

땡 볕

어디든
칙 그으면
확 불붙겠네,

새빨간 여름 낮.

꽃 밤·1

은은히
안개 낀 밤
꽃그늘 아래
은근히 앓는다,

향그런 꽃멀미.

봉숭아씨앗

잘 여문
씨방 살짝
손대면 톡톡
앙증맞은 폭죽.

뻐꾸기·1

고요한
유월 숲속
악보가 뜬다,

잎새보다 푸른.

밤 꽃

산벚꽃
진 자리에,

아기 폭죽들
수없이
팟팟팟!

꽃샘추위

꽃필 땐
오지 마라,

힘겹게 핀 꽃
온몸 멍들잖니.

보   약

울 아빠
내 재롱이
보약이라서,

매일 매일 드려!

야 구 공

맞아도
신이 나서
머얼리 나네,

함성을
이끌고.

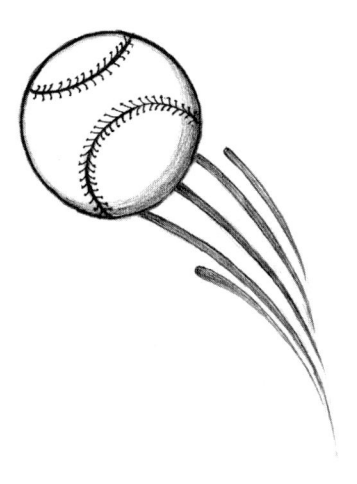

박　꽃

새하얀

모시 한복

고운 울엄니

꽃으로 피셨네.

고자질쟁이

반마다
꼭 한 명씩
골치 아픈 개
내 짝일 줄이야.

제3부 —————————— 마침표

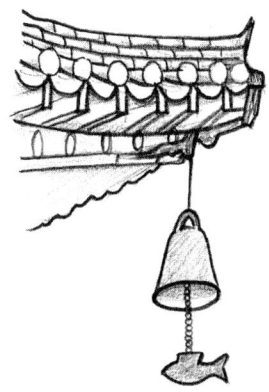

풍경소리
은행잎
지렁이
개동생
보름달
고려청자
접시꽃
까치밥·2
칭찬
마침표

풍경소리

바람이
경을 왼다,

댕그랑
댕 댕…,

귀가
맑아진다.

은행잎

늦가을
노란 새떼
포르르 난다,

가을이 날은다.

지렁이

단 한 번
지상 소풍
대가가 크다,

미이라
됐으니.

개 동생

강아지
꼭 안으며
우리 딸이래,

내 동생
개 동생?

보름달

없어진
은쟁반이
저기에 있네,

빛난다
밤하늘.

고려 청자

귀대면
들릴 듯한
천년학 울음,

구름 위를 나네.

접시꽃

까치발
발돋움에
키 더 커졌다,

담장 위 환하다.

까치밥 · 2

딱 하나
남은 홍시
혼자 차지한
까치, 너!
계 탔다.

칭　　찬

고래도
춤을 추게
한다, 그랬죠?

우리도 그래요.

마 침 표

찍어야
완성되지
그냥 놔 두면
계속 꿈틀거려.

제4부 — 반딧불이 있는 밤

반딧불이 있는 밤
산 벚 꽃
거 미
전 봇 대
할머니의 유모차
민 조 시
길
봉숭아꽃물·1
목 련·2
꽃 비

반딧불이 있는 밤

풀숲이
서둘러서
부싯돌 켠다,

반짝반짝반짝.

산 벚 꽃

꽃
다
진
산 곳곳에
구름꽃 폈다,

멋진
모자이크.

거 미

빗자루
들자마자
바르르 떤다,

괜찮아, 거미야,
거긴 손 안 닿아.

전 봇 대

전단지
덕지덕지
집 앞 전봇대
문어가 돼 간다.

할머니의 유모차

낫처럼
굽은 허리
경로당 길에
저 멋진 자가용!

민 조 시

열여덟
적은 잣수
깊은 뜻 가득,

맛나고
멋진 시.

길

앞서
많은 이들
밟고 다진 길,
참 고맙습니다.

봉숭아꽃물 · 1

손톱끝

조금 남은

빨간 초승달

지난 여름 흔적.

목   련 · 2

햇살을
곱게 갈아
붓끝 세웠다,

봄, 활짝 피겠다.

꽃   비

똑똑똑
문 두드려
내어다 보면
하늘하늘하늘.

사르르
내려앉는
봄의 초대장,

뜰 안
눈부시다.

제5부 ─────────────── 찔레열매

찔 레 꽃
시시티비(*CCTV*)
청개구리
노　　을 · 2
내가 더 아프다
너 무 해
끈
종족이 수상해
찔레열매
어 떡 해

찔레꽃

가로등
하나 없는
마을 어귀가
안쓰러웠대요.

서둘러
하얀 등불
켜 들고 서서
발걸음 지켜요.

시시티비(*CCTV*)

사람들
그 앞에선
하나 같이 다
착한 사람 된다.

눈 없는
그 눈빛이
회초리보다
더 무서운가 봐.

청개구리

호박잎
스튜디오
기상 캐스터,

일기 예보 시작.

노 을 · 2

해님이
서두르다,
다 쏟았어요,

다홍 물감 한 통.

내가 더 아프다

생으로
가지 찢겨
맨살 드러난
나무야, 미안해.

너 무 해

시들지
않는
꽃이
어디 있다고
이젠 보기 싫대.

끈

얼마나
길어야만
잴 수 있을까,

저 하늘 깊이를.

종족이 수상해

두 눈에
불을 켜고
밤톨을 줍네,

인간 다람쥐족.

찔레열매

빨갛게
매달았다,

겨울 산새들
고맙게
받는 상.

어떡해

개나리
고운 볼에
하얀 눈송이
감기 들면 어째?

제6부 ——————————————————— 뿔

기러기
연꽃
씨앗
해바라기
솜사탕
나뭇가지
꽃샘바람
유채밭
가을들판
뿔

기 러 기

풀잎에
서리 묻고
하늘 점점점
높아만 가는 밤!

어스름
저녁이면
떼지어 날며
울음비 쏟아놔!

연 꽃

연못 속
분홍 부처
고운 가부좌,

극락 펼치시네.

씨 앗

텃밭의
씨앗 한 톨
흙을 뚫었다,

지구
움찔한다.

해바라기

신호등
옆에 서서
주의하라고,

노란 등
또 켠다.

솜사탕

교문 밖
꽃구름 봐,

베 물기도 전
군침 먼저 고여.

나뭇가지

새들이
즐겨 앉는
흔들의자야,

조망
멋진
곳에.

꽃샘바람

이름은
예쁘면서
심술은 대장,

손끝 너무 맵다.

유채밭

샛노란
별들 모여
잔치 벌여요,

벌 나빈 귀빈석.

가을들판

들판이
색의 농담
펼치고 있다,

정말 멋지다야!

뿔

간간이
엄마 머리
삐죽 돋아나,

이크,
엎드리자!

제7부 ——————————————— 힘센 개나리

세　배
배롱나무
나　이
아유, 배고파
호　수
달　밤
바람과 벚꽃
나비와 아기
힘센 개나리
염　치

세 배

먼 곳의
우리 삼촌
핸드폰 세배,

웃음 뒤엔 눈물.

배롱나무

꽃 다 진
여름날을
환히 수 놓는
고운 웃음 폭죽.

나 이

누구든
같이 먹어
참 다행이야,

혼자
다
먹으면?

아유, 배고파

경쾌한
도마 소리
솔솔
밥냄새,

배꼽시계
벌떡!

호 수

겨울새
떠난 자리
여름새 온다,

늘 그득한 부자.

달   밤

달님이
그넬 탄다,
빈 가지에서,

바람,
신명 났다.

바람과 벚꽃

봄바람
살랑살랑
벚꽃 바다에
멋진 물결 무늬.

바람이
선사하는
꽃잎 등고선
종일 일렁일렁.

나비와 아기

두 팔을
위로 활짝
나비잠 자는
아기 모습 고와.

흰나비
나풀나풀
주위 맴돌다
머리맡에 살짝.

힘센 개나리

개나리
가지 하나
블록담 틈새
용감히 뚫었다.

고 여린
가지
어디
힘이 있는지,

봄,
네 작품이니?

염 치

참새, 너!
뼈 빠지게
일한 울아빠
생각 좀 못하니?

토토실
황금 알곡
다 까먹으면
어쩌란 말이야!

제8부 ——————————————— 펭귄 전성 시대

포스트잇
간 지 럼
돌 탑
지 렁 이
넝쿨장미
제 비
펭귄 전성 시대
봉숭아꽃물·2
넵
몽 돌

포스트잇

절대로
잊음 안 돼
일깨워주는
기억의 신호등.

간 지 럼

이래도?
이런대도?
바람 손길에
빵 터진 꽃웃음.

돌 탑

하나만
더 하나만
욕심 과하면
도로 돌이 되지.

지렁이

분갈이
흙 한 삽을
살짝 떴는데
잘려진 채 나온….

두 동강
몸부림에
가슴이 덜컥
어이쿠, 어쩌나?

한 생명
살리려다
또 한 생명
저리 보냈으니.

넝쿨장미

담장 밖
신나는 일
벌어졌댄다,

어디? 어디? 나도!

기 쓰며
올라서고
길게 목 빼어
두 눈을 빛낸다.

초여름
담장마다
구경 열기가
활활 타오른다.

제 비

여름내
조잘대던
소리 뚝 그쳐
바라본 처마밑.

보드란
깃털 하나
문패가 되어
빈 집을 지킨다.

명랑한
그 목소리
삼삼한 모습
내년에 또 보길.

펭귄 전성 시대

값비싼
롱패딩에
부모님들은
허리 휜다는군.

거리를
활보하는
펭귄 무리들
거리낌이 없다.

날개도
달아주려
애쓰는 부모
그 맘 알까 몰라.

봉숭아꽃물·2

해마다
여름이면
온 가족 모여
왁자한 꽃잔치.

꽃 잎새
백반 소금
한데 어울려
손톱 변신 시작.

금은빛
번쩍이는 네일 아트도
전혀 부럽잖은.
<

할머니
사랑 담긴
멋진 예술품
천연 네일 아트.

넵

엄마가
들으시고
흡족해하며
고개 끄덕이는.

간절한
누나 부탁
선뜻 대답에
얼싸안아 주는.

짧고도
기분 좋은
웃음을 주는
정말 멋진 대답.

몽 돌

얼마나
오랜 세월
갈고 닦았나,

파도,
멋진 작품.

〈평 설〉

순백의 시원, 그 '첫' 동민조시율
―이해복 첫동민조시집 '여름이 참 달다'의 맛

김 현 수
〈시인·민조시 평론가〉

<평 설>

순백의 시원, 그 '첫' 동민조시율(童民調詩律)
—— 이해복 동민조시집 '여름이 참 달다'의 맛

金 鉉 洙
<시인 · 민조시인 · 민조시 평론가>

들 목

'첫'은 경이롭다.

'첫 · 숫 · 새 · 갓 · 처음…!' 등의 시말에는 순백의 경이로운 이미지가 선연하다. 만 생명의 '첫'이 곧 시원인데, 하여, 삶은 곧 그 '첫'으로 귀향하려는 몸부림일 것이다. 그 '첫' 날것에 대한 끝없는 그리움이며, 그 '첫'을 창조하려는 원초적 몸짓 아니겠는가.

그렇다. '첫'은 존재의 시원으로 다가서려는 생명력의 설렘이고, 찰나의 창조성이 발현되는 벅찬 기쁨일 것이며, 끝내 와락 껴안아 안식하려는 존재 자아의 '첫' 사랑일 것이다.

'첫'은 '시'(詩)다. 시의 본령이 '첫'으로의 끝없는 회귀이기 때문이고, 그 치열함이 시창작 과정일 터이며, 그 '첫'이 아니고서는 못 견디는 무굿 같은 일이기 때문이다. 하여, 시인은 그 '첫'을 청배하려는 시말의 제사장이다. 참 시인 그들은 존엄한 영혼의 순례길을 살 수밖에 없는 업보를 지닌 숙명들이다.

그리하여, 그 '첫'은 역설적으로 벅찬 산고를 통해 맞이하는 '갓' 것들이다. 지독한 기다림을 통해 얻어지는 '숫' 것들이며, 허기로 숱한 밤을 고뇌하지 않고서는 얻지 못하는 그 '첫' 것들이다.

그러므로 시인은, 그 '첫'을 내려받기 위한 존재의 분리 의식을 순결히 닦아가는 구도자들이다. 그렇게 내려받은 '처음'의 '새' '날'것들을 시의 제단에 끊임없이 올려놓는 언표의 사제들인 것이다.

천(天).

이해복 동민조시인의 '첫'은 참 따습다. 오롯 치열하고 서늘하기도 하다. 그는 '첫'을 설렘과 기대와 벅찬 기쁨이라고 담담하게 전언하지만, 그의 '첫' 편, 편들 모두가 시리도록 순백하게 펼쳐놓고 있다. '참 새'로운 18자, 그 동민조시 '첫' 편을 보자.

창너머
가지에서
단잠 깨우는

귀여운 자명종.

— 동민조시 '참 새' 전문

  언제부터, 그의 '첫'은 '시'였을 것이고, 낡음을 못 견디는 그 '첫'은 '동시'였을 터이고, 끝내 이르고자 했던 또 다른 '첫'은 동민조시가 아니었을까. 이는 먼저 '시'가 될 것, 그 시는 '동시'가 되어야 했을 것이며, 또다시 자신을 부정하는 동민조시로의 '첫'에 다가서는 고뇌의 여정이었으리라.

  말은 말일 뿐, 이해복의 동민조시에는 '첫'에 대한 숨막힘의 열정과, 그 정제된 순백의 시원이 고스란히 읽히고 있다. 이는 자신의 두려움을 극복하려는 강렬함이거나, 혹은 천품의 순진 무구한 호기심 아니면 이룰 수 없는 경지일 터이다. 그의 '첫'이 경이롭게 읽혀지는 까닭이 바로 그 지점이다.

  살펴보시라. 이해복 동민조시는 먼저 '시'가 되었고, 다음은 '동시'가 쓰여졌으며, 이를 다시 한민족 새정형 3·4·5·6조의 숨결에 한땀 한땀 새겨 넣고 있지 않은가.

  그렇게 하얀 눈밭에 찍힌 그의 '첫' 한 걸음들을 무심히 따라가 보자.

뒤늦은
눈 세상에
     <

꼭
찍어놓은
멋진 붉은 낙관.

— 동민조시 '홍 매 화' 전문

텅 비고, 꽉 찬 선시화(禪詩花) 한 송이가 피어있다. 우리 삶은 늘 때가 늦지만, 이해복의 시는 끝내 하얀 눈세상에 이르렀고, 이를 인가하듯 붉은 낙관 하나를 스스로 찍고 있다.

이 간결한 18 단수가 시가 되었고, 동시로도 읽히는, 그리고 3·4·5·6조 새정형 동민조시의 우아한 격조를 빚고 있다. 그 '첫' 발자국들을 한 품 한 품 내딛고 있는 것이다. 그 걸음보에는 그를 따라나설 숱한 눈발자국들을 넌지시 이끌고 있다. 당당하면서도 단아한 시의 품격이 이를 증험하고 있다.

이러한 품격과 내공은 오랜 연마를 거친 사유의 힘이며, 허허 실실, 쉼없이 자신을 비워내는 동심의 미학이고, 살아숨쉬는 시말만 남기려는, 뼈를 깎고 비워내려는 지독한 언어 탁마의 예리한 결실이리라.

짧게 정제된 함축성에 유려한 언어 조탁은, 숱한 연단을 거치지 않고서는 불가능한 경지가 아니겠는가.

'햇살을/곱게 갈아/붓끝 세웠다,'/(-'목련·2')고 읊조리는 그의 단아한 언표들에는, 오랜 연마의 결기가 투명하게 스며있다. 그 순백의 '첫' 시원들은 또 이렇게 펼쳐진다.

얼마나
길어야만
잴 수 있을까,

저 하늘 깊이를.

— 동민조시 '끈' 전문

빨려들 듯한 저 하늘 깊이. 누구나 내뱉을 법한 평상심의 시말에 얹힌 묘한 힘. 단 18자의 짧은 언표가 지닌 알 수 없는 힘이다. 이 특별한 마력은 이해복 동민조시인이 지닌 순백함이며, 지고 지순한 맑음이 아니고 그 무엇이랴. 그 맑음은 청아한 정령의 힘을 지니고서 귀를 밝히기도 한다.

바람이
경을 왼다,

댕그랑
댕 댕…,

귀가
맑아진다.

— 동민조시 '풍경소리' 전문　<

여러 풍경소리를 읽어보지만, 여백 가득히 울려퍼지는 이해복의 풍경소리는 맑고 깊다. 마치 고매한 문인화 한 품을 감상하는 듯 벅차다.

우선 이 품격은 민조시의 외형 율격 미학 모범으로 시선을 사로잡는다. 흔히 민조시 3·4·5·6조 정형율을 단조롭게 계단식 배열로 나열하는 경우가 많은데, 이해복 동민조시인은 보란 듯이 감각적 외형율을 날렵히 직조하고 있다.

내재율 또한 보라. 1연의 3·4조 걸음보는 가벼운 듯 묵직한 '경'을 외고 있고, 2연의 5조는 두 행간(3/2조)으로 배치해서 가깝고도 먼 풍경소리를 오래 들려주고 있다. 마지막 6조 3연도 두 행(2/4조) 배치로, 그 간결한 외형 율격 미학은 물론, 내재 율격 장단 숨결까지 수려하게 뽑아내고 있다.

민조시학의 고수가 보여주는 법수다. 이러한 품격이 민조시고, 동민조시 모범이라 하겠다.

인(人).

다시, 이해복의 동민조시는 동시가 되고 있고, 시가 되고 있지 않은가. 그러므로 동심이 읽으면 동시고, 청년이 읽으면 청시가 될 것이며, 어른이 읽으면 시로 읽힐 게 분명하다.

'사람들/그 앞에선/하나 같이 다/착한 사람 된다.'//(-'시시티비')는 전언이거나, '두 눈에/불을 켜고/밤톨을 줍는/인간 다람쥐족.'/(-'종족이 수상

해')의 세태를 직시하는 언표와, '값비싼/ 롱패딩에/펭귄 무리들/애쓰는 부모/그 맘 알까 몰라.'/(–'펭귄 전성 시대') 등의, 곳곳 시말이 이를 증험하고 있다.

먼 곳의
우리 삼촌
핸드폰 세배,

웃음 뒤엔 눈물.

— 동민조시 '세 배' 전문

번번이, 이 짧은 외마디의 울림은 크고 넓지 않은가. 천진한 어린아이가 화자이니, 동시가 틀림없고, 젊은이가 읽으면 마음 깃을 여며볼 것이며, 어른들의 삭막한 시대를 넌지시 고발하고 있으니. 이 짧은 동민조시가 시적 울림을 주는 아포리즘에 충분히 성공하고 있다. 그렇지 않은가.
 이렇듯 이해복의 동민조시는 짧아서 강렬하고, 고도의 레토릭으로 큰 울림을 주며, 동심의 어조로 그 '첫'을 태연하게 성공시켜가고 있다. 텅 빈 여백에서 꽉 찬 울림을 폭넓게 확보하면서 말이다. 그러면서도 천연스러운 동심을 선명히 지켜나가는 폼도 놀랍다.

간간이
엄마 머리

삐죽 돋아나,

이크,
엎드리자.

— 동민조시 '뿔' 전문

이 순백의 천연덕이 어찌 어린이의 감상뿐이란 말인가. 젊은이도, 어른도 저절로 마음이 맑아지는 순백으로 이끌어가고 있음이다. '누구든/같이 먹어/참 다행이라는'(-'나이') 해학과, '제발 좀 친한 척 마,'(-'모기')라는 너스레까지도, 한결같이 지치고 어지러운 세속 마음을 맑게 정화하고 있다. 슬쩍 뽑는 한 품 붓칼은 또 얼마나 예리한가.

반마다
꼭 한 명씩
골치 아픈 개
내 짝일 줄이야.

— 동민조시 '고자질쟁이' 전문

아뿔사, 내 짝이라고! 동심은 그렇다 치고, 젊음은 세속의 짝을 떠올리거나, 어른은 제짝을 바라볼 것인즉, 아차! 그 짝의 나는? 그렇게 결국 불평과 불만, 뒷담화의 고자질쟁이 세태를 고발하면서, 종래는 나를 돌아보게 하고야 마는, 이해복의 그 노련한 노림수에 허를 찔리고 만다.

이렇게 무심히 읊조리는 짧은 단말마로 날카롭게 파고드는 페이소스는

묘한 전율을 일으킨다. 그 뿐이랴.

강아지
꼭 안으며
우리 딸이래,

내 동생
개 동생?

— 동민조시 '개 동 생' 전문

동시로만 읽히지 않는, 그래서 젊은이도 어른도, 묘한 카타르시스와 아포리즘을 안겨주는 시적 테제다. 이해복 시인은 참 노련하고 태연하게 그만의 붓칼을 구사하고 있다. 그의 동민조시를 읽어가는 경이로움이 바로 그 지점 아니겠는가.

지(地).

이해복 동민조시집 전편이 대개 18자이거나, 아님 몇 말을 덧붙이는 촌철 살인의 시편들이다.

그리 시가 되는 일도 어렵거니와, 동시를 짓는 일은 더 어려울 것이고, 더욱 정형의 틀에 갈마넣는 동민조시를 빚는 건, 고도의 수련 과정을 필요로 하는 법수다. 어느 경지에 이른 쟁이의 비범한 솜씨가 아니고서는

가능하지 않다.

　하나만
　더 하나만
　욕심 과하면
　도로 돌이 되지.

— 동민조시 '돌　탑' 전문

　이렇게, 그는 동민조시 시탑을 허심으로 쌓고있는 것이다. 한 글자만 욕심부려도 무너지고마는. 짧고 간결해서 헛수도 쉽게 보이는. 그러므로 치열하고, 그래서 묵직한 '첫' 동민조시 시탑을 드높이 쌓고있는 것이다.
　급기야 그는, '해님이/서두르다,/다 쏟아놓은//다홍 물감 한 통.'(-'노을 2')을 빚어내더니, 저 수박을 가르는 붓칼솜씨 한 품도 좀 보라.

　새빨간
　보름달이
　쟁반 위에서
　쩌억 벌어졌다,

　여름이 참 달다.

— 동민조시 '수　박' 전문

　새빨간 보름달은 그의 '첫'일 게다. 그 보름달이 쟁반 위에서 쩌억 갈

라지다니, 이 역시 이해복 시인의 '첫' 아니겠는가. 그리고는 여름이 참 달다니, 이 낯섦 역시 그만의 '첫'이 아닐까.

참 달다. 시·동시·동민조시 한 편이 이렇듯 맛깔나고 시원하고 달달하기란, 참 쉽지 않은 고수의 품격 아닌가.

'어디든/칙 그으면/확 불붙겠는,'(-'땡볕') 그의 단민조시 언표는 결국 지구마저 흔들어버리는 큰일을 저지르고야 만다.

텃밭의
씨앗 한 톨
흙을 뚫었다,

지구
움찔한다.

— 동민조시 '씨 앗' 전문

이쯤이면, 이해복 동민조시의 거량에 마침표를 찍어야 한다. 저 생기 팔팔한 '텃밭의' 3조, 한없이 톡 튀어 오르는 '씨앗 한 톨'의 4조, 그리고 '흙을 뚫었다'는 역동의 5조, 그리하여, '지구 움찔한다'는 6조의 저 무한대 '첫'! 시말.

움찔 전율한다. 순백의 시원이다. 저 짧은 18자 언표가 지구를 움찔 움직이는 힘. '혼사상'으로 혼통하는 민조시학이다. 이해복 동민조시인의 '첫' 동민조시율 힘이다.

이해복 동민조시인의 '첫'은 단연코 '첫 길'이다. 그의 '첫'을 따라 걷는 동민조시인들의 꿈길. 그 길에 서서, '앞서서/많은 이들/밟고 다진 길,/참 고맙습니다.'/(-'길')라고 겸손히 더 비우는 그의 '첫' 품을 보라. 그렇게 눈부신 순백의 시원으로 더 멀리 향하고 있는 그의 '첫' 童民調詩律이다.

날 목

이제 평자는 이 첫동민조시집 '여름이 참 달다' 창작자에게 순백의 시원 'O'을 붙인다.

'이해복'은 '행복'하다.

이 순백의 시, 3·4·5·6조 동민조시를 쓸 수 있는 그 심상, 텅 빈듯 꽉 찬 필력, 이 크나큰 '첫'을 지녔으니, 행복이다. 이해복의 동민조시를 만나는 모든 이들이 행복하리라.
평자도 행복이다. 참 오랜만에 벅찬 동민조시를 읽었고, 이 행복과 함께 걷는 민조시인이라서 행복이다.

'찍어야/완성되지/그냥 놔 두면/계속 꿈틀거려.'/(-'마침표') 난 이 묵시적 언표에서 민조시의 6조 마침표 '첫', 그 힘을 읽는다. 그리고도 계속 꿈틀거리는 동민조시인의 숙명을 읽는다.

'이해복' 아니, '이행복' 동민조시인의 '첫'을 그러므로 난 크게 믿는다. 저 순백의 시원, 그 '흔사상'의 기류에 올라선, 그의 '첫' 동민조시학은 쉼 없이 '첫 길'이 될 것이므로.

이해복—약력

· 1958년 인천에서 태어나 인천 여자 고등 학교, 한국 방송 통신 대학교(국어 국문 학과)를 졸업했습니다.

· 1996년 월간 '문예 사조'에 동시, 2017년 계간 '自由文學'에 민조시·동민조시가 2회 추천 완료되어 활발하게 작품 활동을 하고있으며, 평택 문인 협회 · 평택 아동 문학회 회장을 역임했습니다.

· 30년 가까이 평택의 여러 기관에서 문해 교육 교원으로 늦깎이 학생들의 학습과 발전을 돕고 있으며, 또 초등 학교 방과 후 강사로 활동하면서 이슬 같고 손난로 같은 동시, 동민조시를 쓰고 있습니다.

· 한국 예술 문화 단체 총연합회 문화 예술 공로상 · 경기도 문학상(아동 문학) · 평택 문학상을 수상했으며, 동시집 '장갑 한 짝' '아빠의 리모컨', 동민조시집 '여름이 참 달다'와 문해 교육 교재 '삶과 언어의 악보' '나랏 말씀 1·2' 등을 펴냈습니다.

· 전자 우편 · haenim0777@hanmail.net

天山 詩選 146

4358('25). 4. 5. 박음
4358('25). 4. 9. 펴냄

이 해 복 첫동민조시집

여름이 참 달다

지은이	이	해	복
펴낸이	申	世	薰
잡은이	신	새	별
판본이	辛	宙	源
판든이	신	새	해
판든이	김	승	혁
펴낸곳	도서 출판	天	山

04623.서울시 중구 서애로 27(필동 3가). 서울 캐피털빌딩 302호 '自由文學' 출판부.

등록 1991.10.31. 제1-1269호

전자 우편 · freelit@hanmail.net
☎02-745-0405 Ⓕ02-764-8905

ISBN 979-11-92198-18-7 03810

*이 책은 평택문인협회의 보조금 일부를 지원받아 제작되었음.

값 13,000원